ትምህርት ቤት - a skoro 2
ጉዞ - a koiri 5
መጓጓዣ - a transport 8
ከተማ - a foto 10
መልከዓምድር - a landschap 14
ምግብ ቤት - a restaurant 17
የሸቀጣ ሸቀጥ መደብር - a wenkri 20
መጠጦች - a dringi 22
ምግብ - a nyan 23
እርሻ - a burugron 27
ቤት - a oso 31
ሳሎን - a foroisi 33
ማድቤት - a botrali 35
መታጠቢያ ቤት - a was oso 38
የልጅ ክፍል - a pikin kamra 42
አልባሳት - a krosi 44
ቢሮ - a kantoro 49
ኢኮኖሚ - a ekonomia 51
የስራ ሙያዎች - den kari 53
መሳሪያዎች - a wrokosani 56
የሙዚቃ መሳሪያዎች - den poku sani 57
የደር እንስሳት ማቆያ - a meti dyari 59
የስፖርት አይነቶች - a sport 62
እንቅስቃሴዎች - den aktifiteit 63
ቤተሰብ - a famiri 67
አካል - a skin 68
ሆስፒታል - a ati oso 72
ድንገተኛ - a nowtu 76
ምድር - a grontapu 77
ሰዓት - oloisi 79
ሳምንት - a wiki 80
ዓመት - a yari 81
ቅርፆች - den form 83
ቀለማት - kloru 84
ተቃራኒዎች - difrenti 85
ቁጥሮች - den nomru 88
ቋንቋዎች - den tongo 90
ማን/ ምን/ እንዴት - suma / sang / fa 91
የት - pe 92

Impressum
Verlag: BABADADA GmbH, Nedderfeld 112 , 22529 Hamburg
Geschäftsführer / Verlagsleitung: Harald Hof
Druck: Books on Demand GmbH, In de Tarpen 42, 22848 Norderstedt

Imprint
Publisher: BABADADA GmbH, Nedderfeld 112 , 22529 Hamburg, Germany
Managing Director / Publishing direction: Harald Hof
Print: Books on Demand GmbH, In de Tarpen 42, 22848 Norderstedt

1

ትምህርት ቤት
a skoro

ማካፈል — prati
ሰሌዳ — a bord
ወረቀት — a papira
እስክርብቶ — a pen
መፃሕያ ጠረጴዛ — a tafra
ማስመሪያ — a lati
መጽሐፍ — a buku
መምህር — a leriman
መማሪያ ክፍል — a klas
የትምህርት ቤት ቅጥር ግቢ — a skoro dyari
መፅፍ — skrifi
ተማሪ — a studenti

የጀርባ ቦርሳ
a skorotas

የእርሳስ መያዣ
a kisi

እርሳስ
a skriftiki

የእርሳስ መቅረጫ
a srapu

ላጲስ
a sisibi

የስዕል ደብተር
a prenki buku

ስዕል
a prenki

የቀለም ብሩሽ
a kwasi

የቀለም ሳጥን
a ferfidosu

መቀስ
a sisei

ማጣበቂያ
a gomma

መልመጃ ደብተር
a skrifbuku

የቤት ስራ
a skorowroko

ቁጥር
a nomru

መደመር
teri

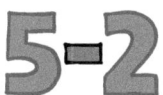
መቀነስ
koti

ማባዛት
vermenigvuldig

ቁጥሮችን ማስላት
teri

ደብዳቤ
a brifi

ፊደላት
a alfabet

ቃል
a wortu

ትምህርት ቤት - a skoro

ፅሑፍ

a wortu

ማንበብ

lesi

ጠመኔ

a kreiti

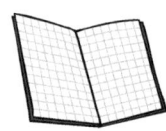

ትምህርት

a yuru

ምዝገባ

a klasbuku

ፈተና

a examen

ሰርተፊኬት

a skoropapira

የትምህርት ቤት የደንብ ልብስ

a sem skoro krosi

ትምህርት

a skoro

አዉደ ጥበብ

a encyklopedie

ዩኒቨርስቲ

a unifersiteit

የምርምር አጉሊ መሳርያ

a mikroskoop

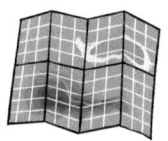

ካርታ

a karta

የቆሻሻ ወረቀት መጣያ ቅርጫት

a doti embre

ጉዞ
a koiri

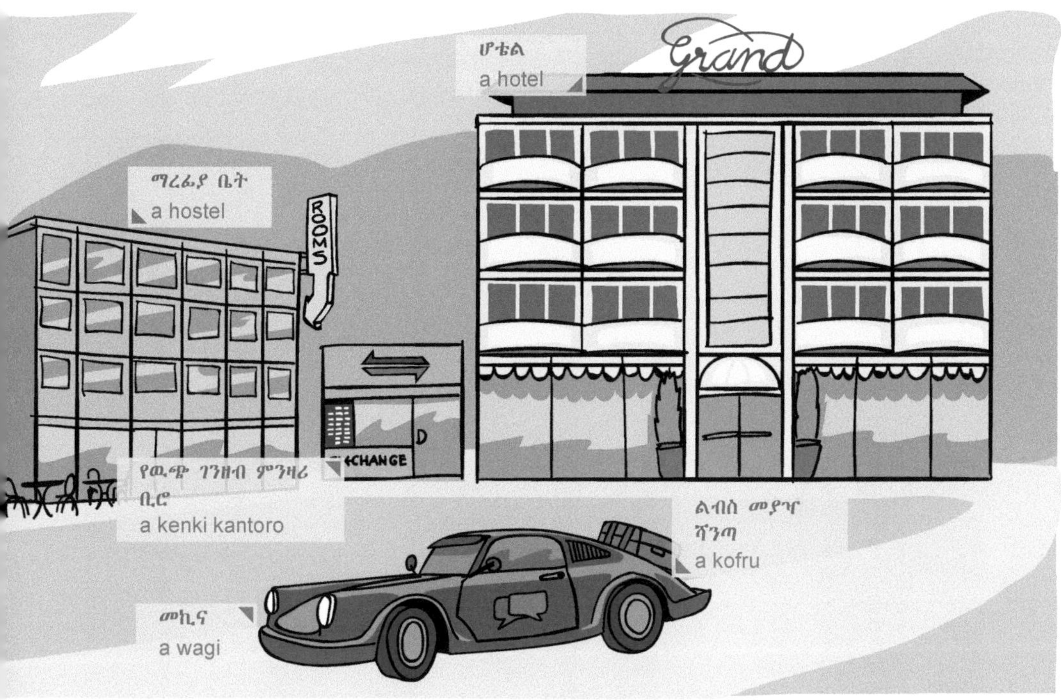

ሆቴል
a hotel
ማረፊያ ቤት
a hostel
የዉጭ ገንዘብ ምንዛሪ ቢሮ
a kenki kantoro
ልብስ መያዣ ሻንጣ
a kofru
መኪና
a wagi

ቋንቋ

a tongo

አዎ/ አይደለም

ai / no

እሺ

afen

ሰላም

Ei!

አስተርጓሚ

a torku

አመሰግናለሁ

Grantangi

 ስንት ነዉ.......? O meni…?	 አልገባኝም Mi ne ferstan	 እክል a problema
 እንደምን አመሹ! Kuneti!	 እንደምን አደሩ! Morgu!	 መልካም ምሽት! Kuneti!
 ደህና ይሰንብቱ Adyosi!	 አቅጣጫ a beni	 ሻንጣ a bagasi
 ቦርሳ a tas	 የጀርባ ቦርሳ a tas	 እንግዳ a fisiti
 ክፍል a kamra	 የመተኛ ቦርሳ a sribi saka	 ድንኳን a tenti

የጎብኚዎች መረጃ

....

a reiskantoro

የባህር ዳርቻ

....

a sekanti

ክሬዲት ካርድ

....

a kreditkarta

ቁርስ

....

a mamanten nyanyan

ምሳ

....

nyanyan

እራት

....

a nyanyan

ቲኬት

....

a karta

አሳንሰር

....

a lift

ማህተም

....

a stampu

ድንበር

....

a lanki

ባህሎች

....

a douane

ኤምባሲ

....

a ambassade

ቪዛ/የይለፍ ወረቀት

....

a fisa

ፓስፖርት

....

a pasportu

መጓጓዣ

a transport

አዉሮፕላን
a isrifowru
መርከብ
a boto
የእሳት አደጋ መኪና
a brandweerwagi
የጭነት መኪና
a wagi
አዉቶብስ
a bus
የሞተር ጀልባ
a motro boto
ብስክሌት
a baisigri
መኪና
a wagi

የማመላለሻ ጀልባ

a pondo

ጀልባ

a boto

የሞተር ብስክሌት

a motro

የፖሊስ መኪና

a skowtu wagi

የዉድድር መኪና

a streilon wagi

የኪራይ መኪና

a yuru wagi

የመኪና መጋራት

....

a wagi prati

ጎታች መኪና

....

a takelwagi

የቆሻሻ ጭነት መኪና

....

a doti wagi

ሞተር

....

a motro

ነዳጅ

....

a oli

የቤንዚን ማደያ

....

a oli pompu

የመንገድ ምልክት

....

a ferkeermarki

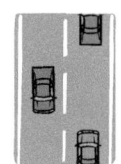

የመኪኖች እንቅስቃሴ

....

a ferkeer

የመኪና መጨናነቅ

....

a reylo

የመኪና ማቆሚያ

....

a parkeerpresi

የባቡር ጣቢያ

....

a lokopresi

የባቡር ሀዲዶች

....

den rail

ባቡር

....

a loko

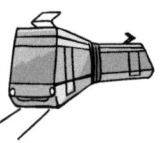

የኤሌክትሪክ ባቡር

....

a loko

ሰረገላ

....

a wagi

ሄሊኮፕተር
a helikopter

አየር ማረፊያ
a opolangi

ማማ
a fortresi

መንገደኛ
a pasasir

ማስቀመጫ፣ ማጠራቀሚያ
a kontainer

ካርቶን እቃ ማሸጊያ
a doso

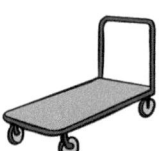
ጋሪ፣ ተሳቢ
a wagi

ቅርጫት
a baskita

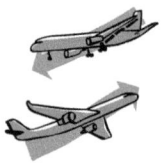
መነሳት/ ማረፍ
opo go / saka

ከተማ
a foto

መንደር
a dorpu

የከተማ ማዕከል
a fotosei

ቤት
a oso

ሲኒማ
a kino

ማስታወቂያ
a reklame

የመንገድ ዳር መብራት
a strati lampu

መንገድ
a strati

ታክሲ
a taxi

የቁርስ መቆያ ሱቅ
a wenkri

እግረኛ
a sma san e waka

ድንጋይ የተነጠፈበት የእግረኛ መንገድ
a futupasi

የእግረኛ መሻገሪያ
a koti strati abra presi

የቆሻሻ ማጠራቀሚያ
a doti kisi

ማቋረጫ
a tinpasi

የትራፊክ መብራቶች
a faya

ጎጆ
a kampu

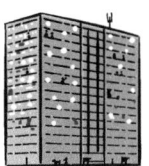

አፓርታማ
a oso

የባቡር ጣቢያ
a lokopresi

የከተማ አዳራሽ
a foto oso

ቤተ መዘክር
a museum

ትምህርት ቤት
a skoro

ከተማ - a foto

 ዩኒቨርስቲ a unifersiteit	 ባንክ a bangi	 ሆስፒታል a ati oso
 ሆቴል a hotel	 መድሐኒት ቤት a apteiki	 ቢሮ a kantoro
 መፅሐፍ መሸጫ a buku winkri	 ሱቅ a wenkri	 የአበባ መሸጫ a bromki winkri
 የሸቀጣ ሸቀጥ መደብር a wenkri	 ገበያ ስፍራ a wowoyo	 መደብር a wowoyo
 የዓሳ ነጋዴ a fisi seri man	 የገበያ ማዕከል a bigi wenkri	 ወደብ a lanpresi

ከተማ - a foto

መናፈሻ ቦታ
a park

አግዳሚ ወንበር
a bangi

ድልድይ
a broki

ደረጃዎች
a trapu

ዉስጥ ለዉስጥ
a fatyawagi

ዋሻ
a ondrogron-strati

የአዉቶቡስ ፌርማታ
a bushalte

ባር
a bar

ምግብ ቤት
a restaurant

የፖስታ ሳጥን
a brifibus

የመንገድ ምልክት
a strati nen marki

የመኪና ማቆሚያ ሒሳብ የሚያሰላ ማሽን
a parkeer marki

የደር እንስሳት ማቆያ
a meti dyari

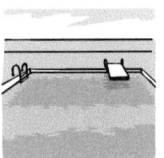

የመዋኛ ገንዳ
a swen presi

መስጊድ
a gado-oso

እርሻ
a burugron

የሚበክል ነገር
a doti sani

መቃብር ስፍራ
a berpe

ቤተ ክርስቲያን
a kerki

መጫወቻ ሜዳ
a prei presi

ቤተ መቅደስ
a gado-oso

መልከዓምድር
a landschap

ቅጠል
a wiwiri

የመንገድ ላይ ምልክት
a pasi marki

መንገድ
a pasi

አረንጓዴ መስክ
a wei

ድንጋይ
a ston

ዛፍ
a bon

በእግሩ የሚጓዝ
a koiri sma

ወንዝ
a libi

ሳር
a grasi

አበባ
a bromki

መልከዓምድር - a landschap

 ሸለቆ a lagi presi	 ኮረብታ a lebriki	 ሀይቅ a fisi-olo
 ጫካ a busi	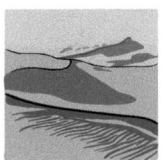 በረሃ a dreisabana	 እሳተ ገሞራ a bergi
 ግምብ a ridder-oso	 ቀስተ ዳመና a alenbo	 እንጉዳይ a todoprasoro
 የቴምብር ዛፍ/ ዘንባባ a palmbon	 ቢንቢ/ የወባ ትንኝ a maskita	 በራሪ a freifrei
 ጉንዳን a mira	 ንብ a waswasi	 ሸረሪት a anansi

መልክዓምድር - a landschap

ጢንዚዛ

a asege

እንቁራሪት

a todo

ሽኮኮ

a bonboni

ጃርት

a agidya

ጥንቸል

a kon koni

ጉጉት ወፍ

a owru kuku

ወፍ

a fowru

የዉሃ ዳክዬ

a gansi

ከርከሮ

a werder agu

አጋዘን

a dia

አጋዘን

a dia

ግድብ

a dan

በነፋስ የሚሽከረከር

a winti miri

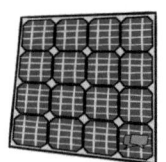

የፀሀይ ፓኔሎ

a son planga

አየር ንብረት

a weer

16 መልከዓምድር - a landschap

ምግብ ቤት

a restaurant

አስተናጋጅ
a diniman
ማዉጫ
a nyankarta
ወንበር
a sturu
ሾርባ
a supu
ፒዛ
a pissa
የጠረጴዛ ጨርቅ
tafra duku
መክተፊያ
nefi nanga forku

የምግብ ፍላጎትን የሚከፍት ምግብ

a fesi nyanyan

ዋና ምግብ

a moro prenspari sortu nyan

ማጣጣሚያ ተከታይ ምግብ

a switi sani

መጠጦች

a dringi

ምግብ

a nyan

ጠርሙስ

a batra

ፈጣን ምግብ

a fastfood

የመንገድ ምግብ

strati nyanyan

የሻይ ማንቆርቆሪያ

a tépatu

የስኳር እቃ

sukru patu

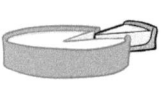

ድርሻ

a krab'patu

የቡና ማፊያ ማሽን

a espressomasyin

ባለጌ ወንበር

a pikin sturu

የክፍያ ደረሰኝ

a borgu

ትሪ

a brakri

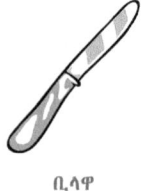

ቢላዋ

a nefi

ሹካ

a forku

ማንኪያ

a spun

የሻይ ማንኪያ

a téspun

ልብስ ምግብ እንዳይነካ የሚረዳ ጨርቅ

a servet

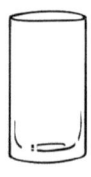

ብርጭቆ

a grasi

ዝርግ ሰሀን

a preti

የሾርባ ጎድጓዳ ሰሀን

a supu preti

የስኒ ማስቀመጫ

a skotriki

ማጣፈጫ ስጎ

a sowsu

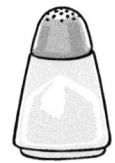

የጨዉ እቃ

a sowtupatu

የተፈጨ ቃሪያ

a pepre miri

ኮምጣጤ

a asin

የምግብ ዘይት

a oli

ቀመማ ቅመሞች

den specerij

የቲማቲም ድልህ

a ketchup

ሰናፍጭ

a mosterd

ማዮኒዝ

a mayonaise

ምግብ ቤት - a restaurant

የሸቀጣ ሸቀጥ መደብር

a wenkri

ልዩ አቅራቦት
a pristerie
ደምበኛ
a bayman
የወተት ተዋፅዖ
den merki sani
ፍራፍሬ
a froktu
ባለ ጎማ የእጅ ጋሪ
a wenkri wagi

ሉካንዳ ነጋዴ

a srakti-oso

መጋገርያ

a bakri-oso

ክብደት መመዘን

wegi

ቅጠላ ቅጠል አትክልት

a gruntu

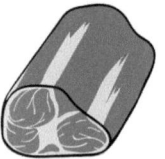

ስጋ

a meti

የቀዘቀዘ/የረጋ ምግብ

den ijskasi sani

20 የሸቀጣ ሸቀጥ መደብር - a wenkri

ቀዝቃዛ ቁራጭ

a kowru meti

የታሸገ ምግብ

a blik nyan

የማጠቢያ ዱቄት

a wasi sani

ጣፋጮች

a switi sani

የቤት ዉስጥ ዉጤቶች

den oso sani

የፅዳት ምርቶች

a sani fu krin

የሽያጭ ባለሙያ

a seri sma

የገንዘብ መመዝቢያ ማሽን

a kas

የሒሳብ ሰራተኛ

a kasman

የግዢ ዝርዝር

a bai marki

ክፍት ሰዓታት

den opo yuru

የኪስ ቦርሳ

a portmoni

ክሬዲት ካርድ

a kreditkarta

ቦርሳ

a tas

የፕላስቲክ ቦርሳ

a plastik saka

መጠጦች
a dringi

ዉሃ
a watra

ጁማቂ
a sap

ወተት
a merki

ኮካ-ኮላ
a kola

ወይን
a win

ቢራ
a biri

አልኮል
a sopi

ኮካ
a skrati

ሻይ
a té

ቡና
a kofi

የተፈላ ቡና
a espresso

ካፑቺኖ
a kappuccino

ምግብ
a nyan

ሙዝ
a bakba

ፖም
a apra

ብርቱካን
a apresina

ሀብሀብ
a watramun

ሎሚ
a sitrun

ካሮት
a rutu

ነጭ ሽንኩርት
a konofroku

ሽምበቆ
a bambu

ቀይ ሽንኩርት
a aiun

እንጉዳይ
den todoprasoro

ለዉዝ
den noto

የህፃናት ምግብ
a pasta

ፓስታ

a spaghetti

ሩዝ

a alesi

ሰላጣ

a salade

የድንች ጥብስ

a patata

ድንች ጥብስ

den baka patata

ፒዛ

a pissa

ዳቦ ዉስጥ በስሱ ተጠብሶ የገባ ስጋ

a burger

ሳንድዊች

a brede

ጥሬ ስጋ

a schnitsel

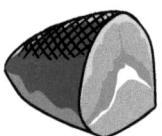

የአሳማ ስጋ

a ameti

በቅመምና በጨዉ የታሸ ምግብ ቀዝቅዞ የሚበላ ሾርባ ምግብ

a salami

ቋሊማ

a worst

ዶሮ

a kafowru

ጥብስ

a bakadina

አሳ

a fisi

አጃ ገንፎ a hafermout	ወተት ጋር ተደባልቀዉ ሚበሉ ምግቦች a muesli	በቆሎ ቅርፊት den karuflakes

ቁት a blon	ራሳ a croissant	ድብልብል ዳቦ den brede

ዳቦ a brede	መጥበስ a baka brede	ብስ ት a buskutu
		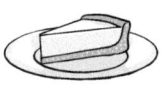
ቅቤ a botro	ን ርጎ a kwark	ኬክ a kuku
	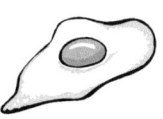	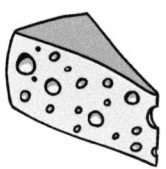
እንቁላል a eksi	እንቁላል ጥብስ a baka eksi	አይብ a kasi

ምግብ - a nyan

የበረዶ ክሬም	ስኳር	ማር
a ice-cream	a sukru	a oni

ማርማላት	የተናጠ የወተት ክሬም	ማጣፈጫ
a jam	a sukruskrati pasta	a kerrie

እርሻ
a burugron

ገበሬ ቤት
a wroko gron presi

ህልና ከብት ማቀመጫ ቤት
a maksin

ፈረስ
a asi

ጭድ ክምር
a grasi bergi

ሜዳ
a gron

ተሳቢ መኪና
a aanhangwagi

ፈረስ ዌርንጥላ
a pikin asi

ርሻ መኪና
a traktor

ሀያ
a buriki

በግ ጠቦት
a pikin skapu

በግ
a skapu

ፍል
a krabita

ላም
a kaw

ጥጃ
a pikin kaw

ሳማ
a agu

ግልገል ሳማ
a pikin agu

ኮርማ
a burkaw

ርሻ - a burugron

ዝይ
a gansi

ዳክዬ
a doksi

የዶሮ ጫጩት
a pikin fowru

ዶር
a fowru

አዉራ ዶሮ
a kakafowru

አይጥ
a alata

ደድመት
a puspusi

አይጥ
a moismoisi

በሬ
a burkaw

ዉሻ
a dagu

የዉሻ ቤት
a dagu pen

የአትክልት ቦታ
a tuinslang

ዉሃ ማጠጫ ባልዲ
a watra kan

ረጅም ማጭድ
a nefi

ማረሻ
a pluga

እርሻ - a burugron

ማጭድ

a babun-nefi

መኮትኮቻ

a tyapu

የእህል መንሽ

a forku

መጥረቢያ

a beyri

ኩርኩር/ የእጅ ጋሪ

a kroiwagi

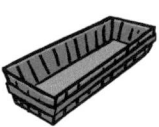

ገንዳ

a baki

የወተት ዕቃ

a merki kan

ጆንያ ከረጢት

a saka

አጥር

a skotu

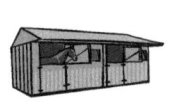

የፈረስ ጋጣ

a pen

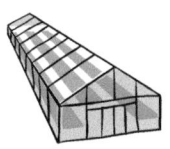

ዕፅዋት ማሳደጊያ የመስታዉት ቤት

a grun kasi

አፈር

a gron

ዘር

a siri

የመሬት ማዳበሪያ

a doti

ጥምር ማረሻ

a maaidorser

አዝመራ መሰብሰብ

koti

አዝመራ

a nyanyan

ድንች

a yami

ስንዴ

a aleisi

ሶያ

a soja

ድንች

a patata

በቆሎ

a karu

የከብት መኖ

a koro siri

የፍሬ ዛፍ

a froktu bon

የ ሳቫ ዛፍ

a kasaba

እህል

den siri

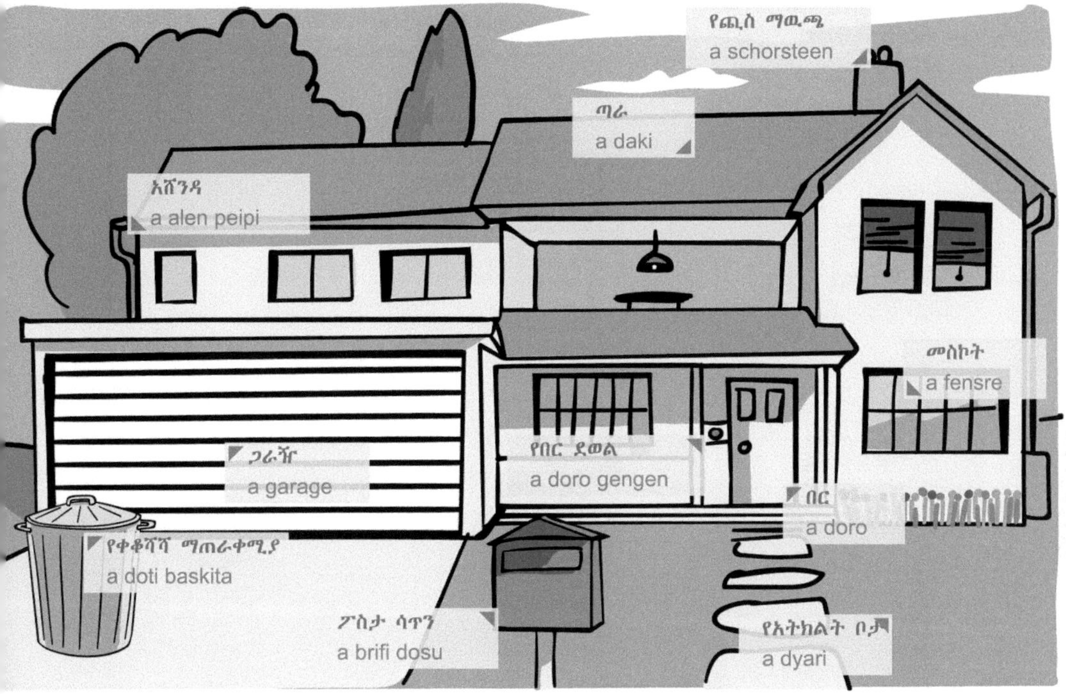

ቤት
a oso

የጪስ ማዉጫ
a schorsteen
ጣራ
a daki
አሸንዳ
a alen peipi
መስኮት
a fensre
ጋራዥ
a garage
የበር ደወል
a doro gengen
በር
a doro
የቆሻሻ ማጠራቀሚያ
a doti baskita
ፖስታ ሳጥን
a brifi dosu
የአትክልት ቦታ
a dyari

ሳሎን
a foroisi

መታጠቢያ ቤት
a was oso

ማድቤት
a botrali

መኝታ ቤት
a sribikamra

የልጅ ክፍል
a pikin kamra

መመገቢያ ክፍል
a nyanyan kamra

ቤት - a oso 31

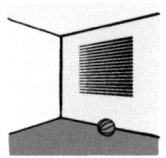

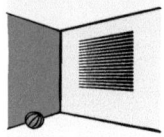

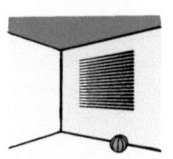

ወለል

a gron

ግድግዳ

a skotu

ጣሪያ

a plafon

ምድር ቤት

a kedre

በእንፋሎት ሙቀት መታጠቢያ ቤት

a sauna

ሰገነት

a barkon

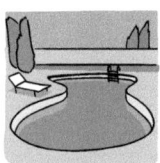

ከፍ ያለ መደብ

a terras

የመዋኛ ገንዳ

a swen presi

የማጨጃ መኪና

a waimasyin

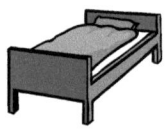

አንሶላ

a sribikrosi

የአልጋ ልብስ

a sribikrosi

አልጋ

a bedi

መጥረጊያ

a sisibi

ባልዲ

a embre

ማብሪያና ማጥፊያ

a san fu leti faya

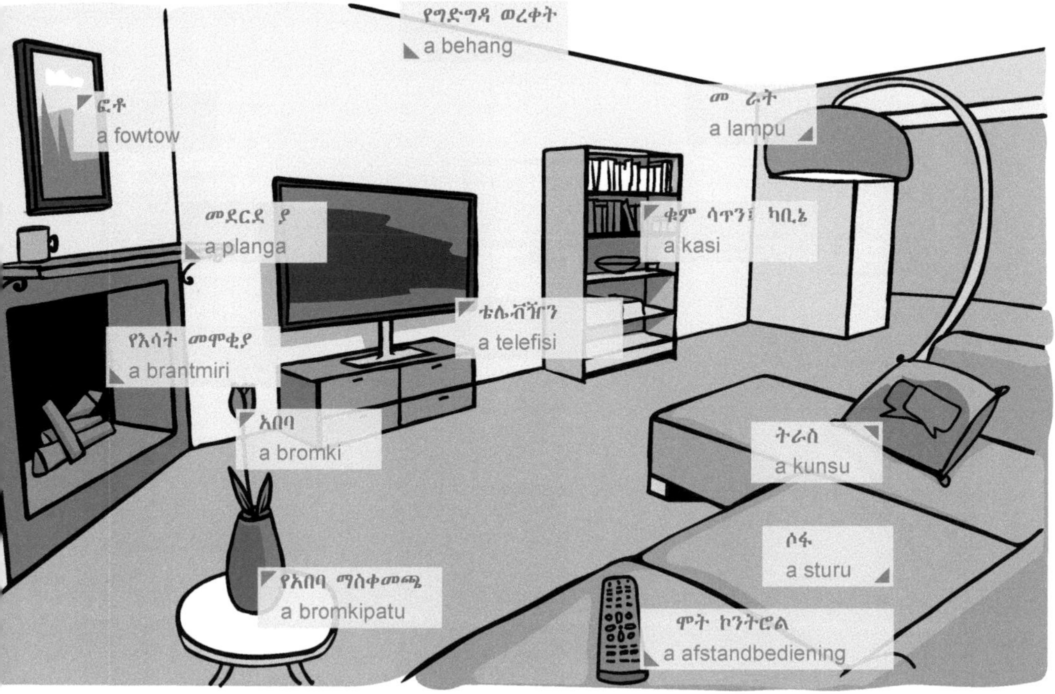

ሳሎን
a foroisi

- የግድግዳ ወረቀት — a behang
- ፎቶ — a fowtow
- መ ራት — a lampu
- መደርደሪያ — a planga
- ቁም ሳጥን ካቢኔ — a kasi
- የእሳት መሞቂያ — a brantmiri
- ቴሌቪዥን — a telefisi
- አበባ — a bromki
- የአበባ ማስቀመጫ — a bromkipatu
- ትራስ — a kunsu
- ሶፋ — a sturu
- ሞት ኮንትሮል — a afstandbediening

ንጣፍ
a matamata

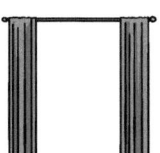

መጋረጃ
a garden

ጠረጴዛ
a tafra

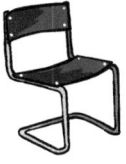

ወንበር
a sturu

ተወዛዋዥ ወንበር
a boboisturu

ባለመደገፊያ ወንበር
a sturu

መጽሐፍ
a buku

ብርድ ልብስ
a tapun

ጌጥ
a pranpran

ማገዶ
a udu

ፊልም
a kino

የሙዚቃ መማጫወቻ
a stereo-installatie

ቁልፍ
a sroto

ጋዜጣ
a koranti

ስዕል
a skedrei

የተለጠፈ ማስታወቂያ እንደ ስዕል
a poster

ራዲዮ
a konkrudosu

ማስታወሻ ደብተር
a skrifi buku

የአየር ማፅጃ ለምንጣፍ
a stofsuiger

ቁልቋል
a kaktus

ሻማ
a kandra

ማድቤት
a botrali

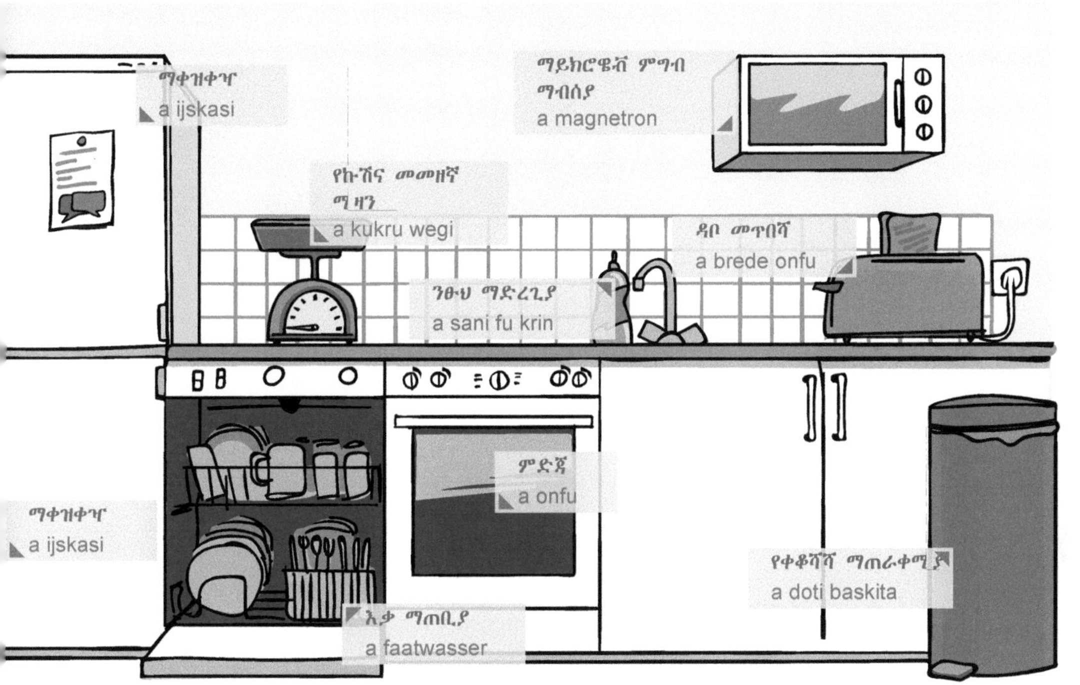

ማቀዝቀዣ
a ijskasi
ማይክሮዌቭ ምግብ ማብሰያ
a magnetron
የኩሽና መመዘኛ ሚዛን
a kukru wegi
ዳቦ መጥበሻ
a brede onfu
ንፁህ ማድረጊያ
a sani fu krin
ምድጃ
a onfu
ማቀዝቀዣ
a ijskasi
የቆሻሻ ማጠራቀሚያ
a doti baskita
እቃ ማጠቢያ
a faatwasser

ምግብ አብሳይ

a onfu

ማሰሮ

a patu

የብረት ማሰሮ

a isri patu

ምግብ ማብሰያ ዝርግ ድስት

a wok / kadai

የምግብ መጥበሻ

a pan

ማንቆርቆሪያ

a ketre

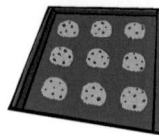

የእንፋሎት ማብሰያ

a dampupatu

የመጋገሪያ ትሪ

a baka preti

ሰብስቦች

den tafra-sani

ትልቅ ኩባያ

a kan

ጎድጓዳ ሳህን

a koba

ቾፕስቲክስ

den nyantiki

ጭልፋ

a supu spun

መሰቅሰቂያ ዝርግ ማንኪያ

a spatel

ማደባለቂያ

a klutser

መወጠሪያ

a fergiet

ወንፊት

a dorodoro

መፈርፈሪያ መሳሪያ

a gritigriti

ሲሚንቶ

a mortier

የፍም ጥብስ

a barbakoto

የተለቀቀ እሳት

a faya presi

መክተፊያ
....
a koti planga

ተንሸራታች መርፌ
....
a blon lolo

የጠርሙስ መክፈቻ
....
a korkutreki

ጣሳ
....
a tromu

የጣሳ መክፈቻ
....
a knefi fu opo blik

የማሰሮ መሸፈኛ
....
a patu duku

ሳህን ማጠቢያ
....
a wasibaki

ብሩሽ
....
a bosro

ስፖንጅ
....
a sponsu

መደባለቂያ መሳሪያ
....
a blender

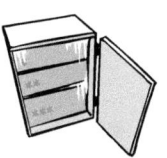

በጣም ማቀዝቀዣ
....
a ijskasi

ጡጦ
....
a beibi batra

ቧንቧ
....
a kran

መታጠቢያ ቤት

a was oso

ማሞቂያ
a faya
ፎጣ
a wasduku
መታጠቢያ
a douche
የመታጠቢያ ቤት መጋረጃ
a douche garden
የአረፋ መታጠቢያ
a bubbel wasi
የመታጠቢያ ገንዳ
a badkuip
ብርጭቆ
a grasi
የልብስ ማጠቢያ
a wasmasyin
ቧንቧ
a kran
ማዕዘን ወለል
den tegel
ፖፖ
a pisi patu
ሳህን ማጠቢያ
a wasibaki

ሽንት ቤት

a kumakoisi

የሽንት ቤት መቀመጫ

a kumakoisi

ሳፋ

a bidet

የመንገድ ዳር መሽኛ

a pisi presi

የሽንት ቤት ወረቀት

a kumakoisi papira

የሽንት ቤት ማፅጃ ብሩሽ

a kumakoisi bosro

38 መታጠቢያ ቤት - a was oso

የጥርስ ብሩሽ
a tifi bosro

የጥርስ ሳሙና
a tandpasta

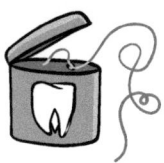

የጥርስ ማፅጃ ክር
a floss

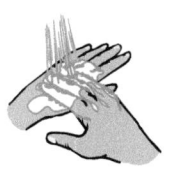

መታጠብ
wasi

የእጅ መታጠቢያ
a douche

መታጠቢያ
a kumakoisi douche

ጎድጓዳ ሳህን
a was koba

የጀርባ ብሩሽ
a baka bosro

ሳሙና
a sopo

መታጠቢያ የሚዝለገለግ ሳሙና
a douchegel

የፀጉር መታጠቢያ ሳሙና
a sopo

ለስላሳ ጨርቅ
a was krosi

ፍሳሽ
a afvoer

ክሬም
a krème

ጠረን መቀየሪያ ንጥረ ነገር
a okselstik

መታጠቢያ ቤት - a was oso

መስታወት
a spikri

የእጅ መስታወት
a moimoi fu fesi spikri

ምላጭ
a sebinefi

የመላጫ አረፋ
a sebiskuma

ከመላጨት በኋላ የሚቀባ ሽቱ
a aftershave

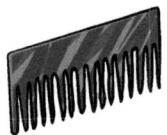

ማበጠሪያ
a kankan

ብሩሽ
a bosro

የፀጉር ማድረቂያ
a wiri drei masyin

በፀጉር ላይ የሚነፋ
a wirispray

የፊት መቀባቢያ
a moimoi fu fesi

የከንፈር ቀለም
a lippenstift

የጥፍር ቀለም
a nangra ferfi

የጥጥ ሱፍ
den katun

ጥፍር መቁረጫ
a nangra sey

ሽቶ
a switi smeri

ማጠቢያ ባልዲ

a tas gi krin sani

መቀመጫ

a kroku

ሚዛን

a wegi

የመታጠቢያ ልብስ

a was dyaki

የላስቲክ ጓንት

den handschoen fu krin

ሞዴስ

a tampon

የፅዳት ፎጣ

a munduku

የሽንት ቤት ኬሚካል

a kumakoisi

የልጅ ክፍል

a pikin kamra

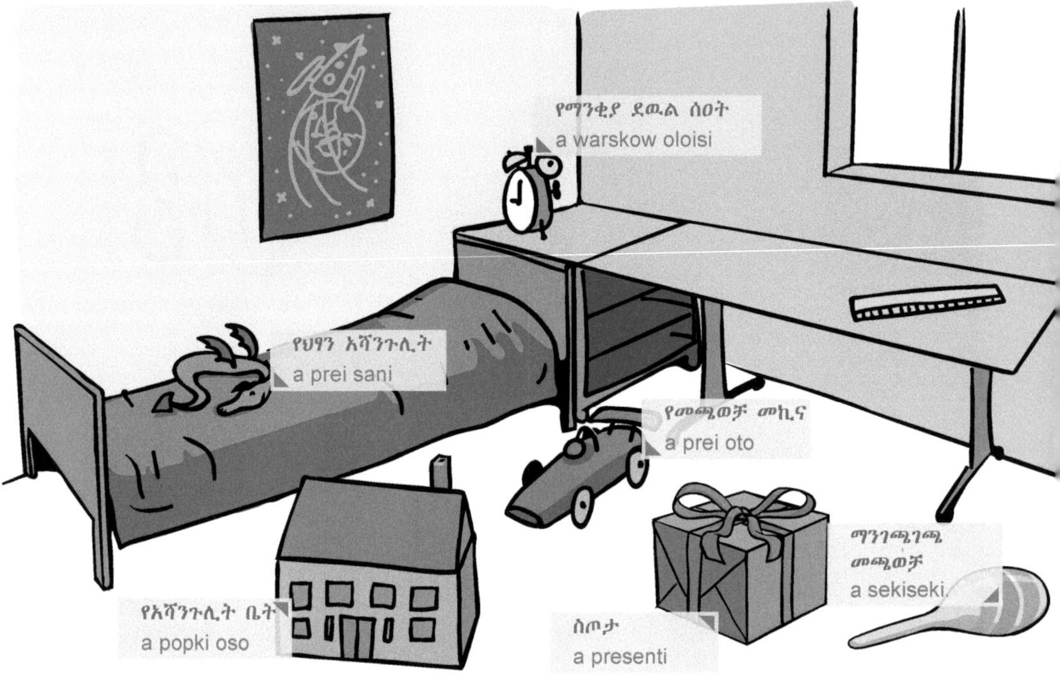

የማንቂያ ደዉል ሰዐት
a warskow oloisi
የህፃን አሻንጉሊት
a prei sani
የመጫወቻ መኪና
a prei oto
ማንገጫገጫ
መጫወቻ
a sekiseki.
የአሻንጉሊት ቤት
a popki oso
ስጦታ
a presenti

ፊኛ

a ballon

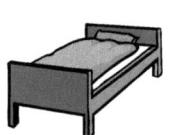

አልጋ

a bedi

የህፃን ማንሸራሸሪያ ጋሪ

a beibiwagi

የካርታ መጫወቻ

a paki karta

ቁርጥራጭ ምስሎችን የማገጣጠም
እና ምስል የማግኘት ጨዋታ

a laytori

አዝናኝ

a strip torie

ተገጣጣሚ መጫወቻ
den lego ston

የመጫወቻ መገጣጠሚያዎች
den prei sani

የድርጊት ምስል
a aktiefiguurtje

የህፃን እድገት
a beibikrosi

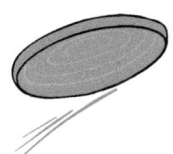
የፕላስቲክ መጫወቻ ዝርግ ሰሀን
a frisbee

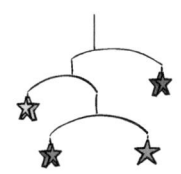
ተወዛዋዥ የህፃን ማጫወቻ
a mobile

የሰሌዳ ጨዋታ
a prei tapu bord

የመጫወቻ ጠጠር
a prei ston

የመጫወቻ ባቡር
a prei sani loko

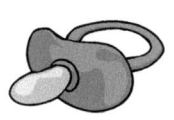
የእንጀራ እናት ጡጦ
a bobimofo

ድግስ
a fesa

የስዕል መፅሀፍ
a prenki buku

ኳስ
a bal

አሻንጉሊት
a popki

መጫወት
prei

የልጅ ክፍል - a pikin kamra   43

የአሸዋ መጫወቻ

a santi baki

ዥዋዥዌ

a boboisturu

መጫወቻዎች

den preisani

የቪዲዮ መጫወቻ

a prei komputer

ባለ ሶስት ጎማ ብስክሌት

a baysigri

የአሻንጉሊት ድብ

a prei sani

ቁምሳጥን

a krosikasi

አልባሳት

a krosi

ካልሲዎች

den kowsu

ስቶኪንጎች

den kowsu

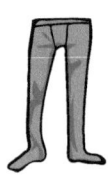

ታይት

a kowsu

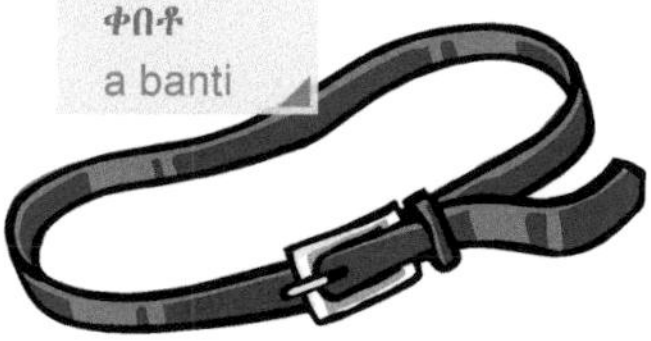

የአንገት ልብስ — a sjaal

ቀበቶ — a banti

ጎንጥላ — a prasoro

ክናቴራ — a bosroko

ስኒከሮች — den pata

ቡቲ — a buta

የቤት ዉስጥ ነጠላ ጫማ — den slipper

ነጠላ ጫማዎች
den susu

ጫማዎች
den susu

የዝናብ ቡትስ
a buta

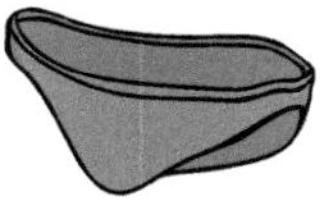

ሙታንታ
a jockey

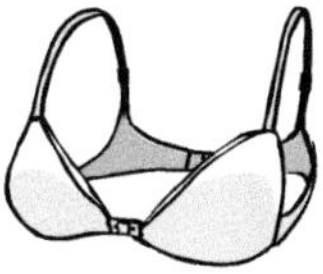

ጡት መያዣ
a bh

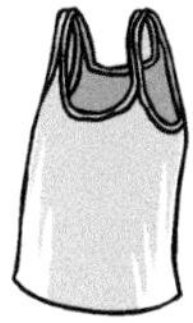

ሰደርያ
a kamsoro

አልባሳት - a krosi

ሰዉነት

a skin

ሱሪዎች

a bruku

ጅንስ

a jeansbruku

ጉርድ ቀሚስ

a koto

ሸሚዝ

a blus

ሸሚዝ

a empi

የሚጠለቅ ሹራብ

a empi

ሹራብ

a dyaki

ዩኒፎርም ጃኬት

a djakti

ጃኬት

a dyakti

ኮት

a alendyakti

የዝናብ ኮት

a alendyakti

ልብስ

a paki

ቀሚስ

a yapon

የሙሽራ ቀሚስ

a trowyapon

ሱፍ
....
a paki

የለሊት ልብስ
....
a sribikrosi

የለሊት ልብስ
....
a sribikrosi

ረጅም ቀሚስ
....
a sari

ሂጃብ
....
a angisa

ጥምጣም
....
a tulband

ቡርቃ
....
a burka

ሽርጥ
....
a kaftan

አባያ
....
a abaya

የዋና ልብስ
....
a swenkrosi

አ ር ቁምጣ
....
a swenbruku

ቁምጣዎች
....
a syatu bruku

የስራ ቱታ
....
a training paki

ሽርጥ
....
a feskoki

ጓንት
....
a handschoen

ቁልፍ

a knopo

መነፅር

a aygrasi

ምባር

a anubuy

የ ንገት ሀብል

a keti

ቀለበት

a linga

የጆሮ ጌጥ

a yesilinga

ኮፍያ

a ati

የኮት መስቀያ

a krosi anga

ኮፍያ

a ati

ክረቫት

a tay

ዚፕ

a rits

የብረት ቆብ

a feti musu

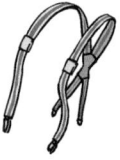

መደገፊያ

a bretel

የትምህርት ቤት የደንብ ልብስ

a sem skoro krosi

የደንብ ልብስ

a sem krosi

መሃረብ

a slabbetje

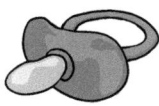

የእንጀራ እናት ጡጦ

a bobimofo

ሽንት ጨርቅ

a pisiduku

ቢሮ

a kantoro

ማሰራጫ ጣቢያ
a server
የፋይል መደርደሪያ ካቢኔ
a archief kasi
የህትመት መሳሪያ
a printer
ወረቀት
a papira
መቆጣጠሪያ
a monitor
a moisi
መፃፊያ ጠረጴዛ
a tafra
ማህደር
a map
የመፃፊ ቁልፎች
a keyboard
የቆሻሻ ወረቀት መጣያ ቅርጫት
a doti embre
ኮምፒዉተር
a komputer
ወንበር
a sturu

የቡና መጠጫ ትልቅ ኩባያ

a kofi kan

ማስልያ ማሽን

a kalkulator

ኢንተርኔት

a internet

 ላፕቶፕ a laptop	 ደብዳቤ a brifi	 መልዕክት a boskopu
 ተንቀሳቃሽ ስልክ a konkrutitei	 የግንኙነት አዉታር a neti	 ማባዣ ማሽን a kopi masyin
 ሶፍትዌር a software	 ስልክ a konkrutitei	 የግድግዳ ሶኬት a stopkontakt
 የፋክስ ማሽን a fax masyin	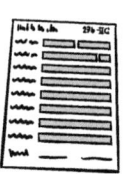 ቅፅ a formulier	 ሰነድ a papira

ቢሮ - a kantoro

ኢኮኖሚ
a ekonomia

መግዛት
bai

መክፈል
pai

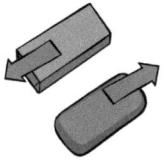
መነገድ
du

ገንዘብ
a moni

ዶላር
a dollar

ዩሮ
a euro

የን
a yen

ሩብል
a rubel

የስዊዝ ፍራንክ
a frank

ሬንሚንቢ ዩዋን
a renminbi yuan

ሩጲ
a rupie

የገንዘብ ነጥብ
a monimasyin

የዉጭ ገንዘብ ምንዛሪ ቢሮ
a kenki kantoro

ወርቅ
a gowtu

ብር
a solfru

ዘይት
a oli

ሀይል፤ ጉልበት
a krakti

ዋጋ
a prijs

ግንኙነት
a kontrakti

ቀረጥ
a lantimoni

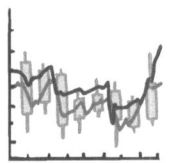
አክስዮን
a pisi

መስራት
wroko

ተቀጣሪ
a wrokoman

ቀጣሪ
a wrokobasi

ፋብሪካ
a fabrik

ሱቅ
a wenkri

ኢኮኖሚ - a ekonomia

የስራ ሙያዎች
den kari

የፖሊስ አዛዥ
a skowtu

የእሳት አደጋ ሰራተኛ
a brandweerman

ምግብ አብሳይ
a boriman

ዶክተር
a datra

አብራሪ
a piloot

አትክልተኛ
a djariman

አናጢ
a temreman

ልብስ ሰፊ ሴት
a modist

ዳኛ
a krutubasi

ቀማሚ
a scheikunde sma

ተዋናይ
a akteur

የአዉቶቢስ ሹፌር
a bus sjafeur

የታክሲ ሹፌር
a taximan

አሳ አጥማጅ
a fisiman

ፅዳት ሰራተኛ
a krinsma

የጣራ ሰራተኛ
a dakitapu man

አስተናጋጅ
a diniman

አዳኝ
a ontiman

ሰዓሊ
a ferfiman

ጋጋሪ
a bakriman

የኤሌትሪክ ሰራተኛ
a elektrikman

ገምቢ
a bow-wroko man

መሃሃዲስ
a ensjinoru

ልኳንዳ
a sraktiman

የቧንቧ ሰራተኛ
a loodgieter

የፖስታ ሰራተኛ
a postbode

54 የስራ ሙያዎች - den kari

ወታደር
a srudati

መሃንዲስ
a architekt

የሒሳብ ሰራተኛ
a kasman

አበባ ሻጭ
a bromkisma

የፀጉር ሰራተኛ
a seti sma wiri man

ቲኬት ቆራጭ
a kondukteur

መካኒክ
a monteur

ካፒቴን
a kapten

የጥርስ ሐኪም
a tifidatra

ተመራማሪ
a sabiman

መምህር
a Dyu domri

የሙስሊም ሃይማኖታዊ መሪ
a Moslim domri

መነኩሴ
a moniki

ካህን
a priester

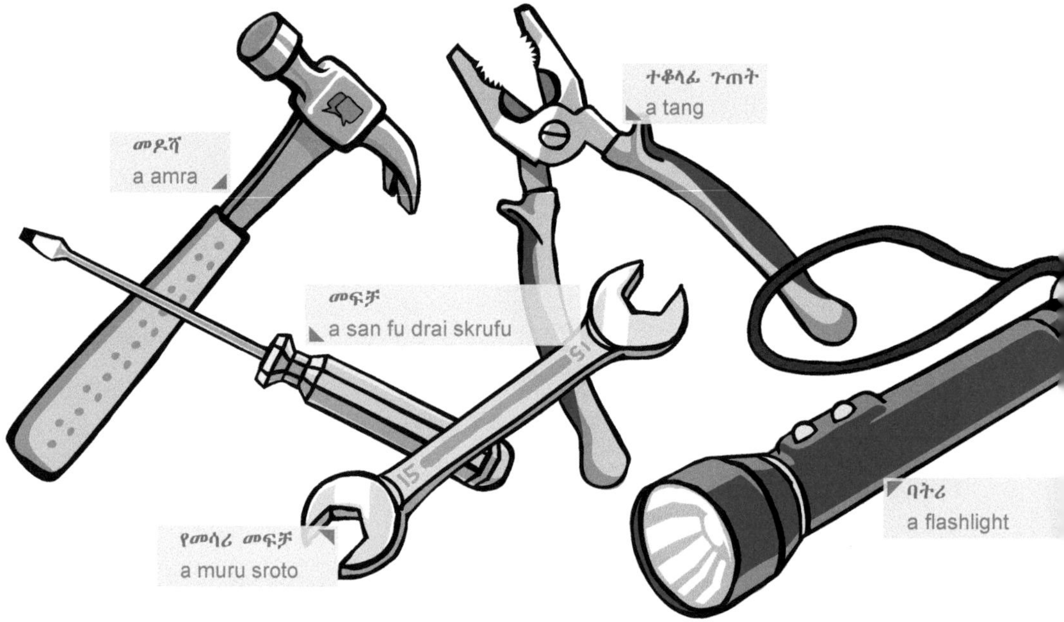

መሳሪያዎች
a wrokosani

መዶሻ — a amra

ተቆላፊ ጉጠት — a tang

መፍቻ — a san fu drai skrufu

የመሳሪ መፍቻ — a muru sroto

ባትሪ — a flashlight

በቁፋሮ የሚዝቅ

a dikimasyin

የመፍቻ ሳጥን

a wrokosani kisi

መሰላል

a trapu

መጋዝ

a sa

ምስማር

den spikri

መሰርሰሪያ

a boro

መጠገን

meki

አካፋ

a skepi

የተረገመ!

Baya!

ቆሻሻ ማፈሻ

a stofblik

የቀለም ቆርቆሮ

a ferfi patu

ብሎን

den skrufu

የሙዚቃ መሳሪያዎች
den poku sani

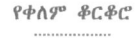

የድምፅ ማጉያ መሳርያ
a boskopu barbari sani
የከበሮ መሳሪያዎች
a dronstel
ክራር መሰል የሙዚቃ መሳሪያ
a gitara
ድርብ ቤዝ ጊታር
a kontra bas
የትንፋሽ ሙዚቃ መሳሪያ
a tronpèti

የሙዚቃ መሳሪያዎች - den poku sani 57

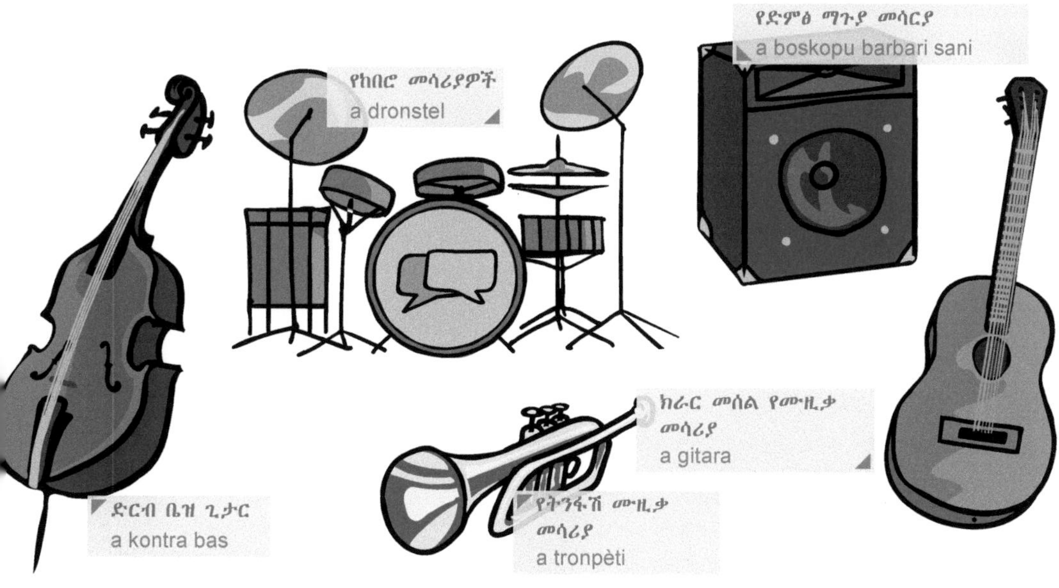

ፒያኖ

....

a piano

ቫዮሊን

....

a finyoro

ወፍራም፤ ጎርናና ድምፅ ያለዉ
ክራር መሰል ሙዚቃ መሳሪያ

....

a bas

ነጋሪት

....

a pauk

ከበሮ

....

a dron

በኤሌክትሪክ የሚሰራ ፒኖ

....

a keyboard

የትንፋሽ ሙዚቃ መሳሪያ

....

a saxofon

ዋሽንት

....

a froiti

የድምፅ ማጉያ

....

a mikrofon

የደር እንስሳት ማቆያ

a meti dyari

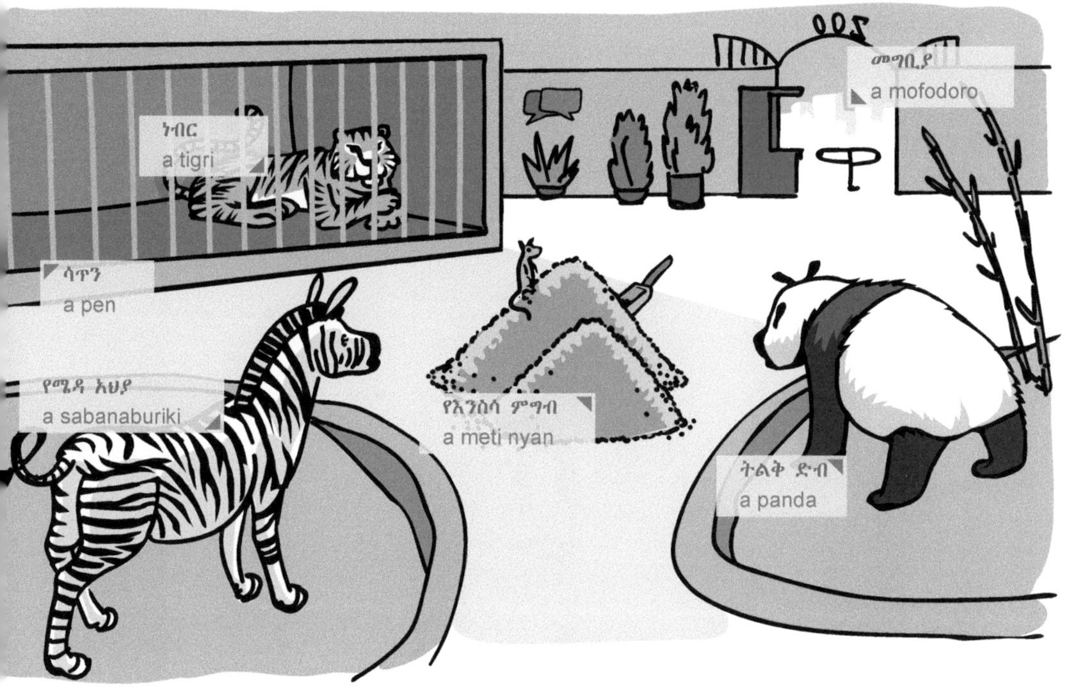

መግቢያ
a mofodoro
ነብር
a tigri
ሳጥን
a pen
የሜዳ አህያ
a sabanaburiki
የእንስሳ ምግብ
a meti nyan
ትልቅ ድብ
a panda

እንስሳቶች

den meti

ዝሆን

a asaw

ካንጋሮ

a kangeru

አዉራሪስ

a neushoorn

ትልቅ ዝንጀሮ

a gorilla

ድብ

a beer

ግመል

a kameri

ሰጎን

a stroisifowru

አንበሳ

a lew

ጦጣ

a monki

ቅልጥመ ረዥም ወፍ

a korikori

በቀቀን

a popokai

የወዋልታ ድብ

a ijsbeer

የዋልታ ወፎች

a pinguïn

ረጅም ጥርሶች ያሉትአሳ ነባሪ

a sarki

ጣዎስ

a prodokaka

እባብ

a sneki

አዞ

a kaiman

የዱር አራዊት የሚጠበቁበት ማቆያን የሚጠብቅ

a sma san e sorgu meti

አሳ በሊታ የባህር እንስሳ

a sedagu

የዱር ድመት

a penitigri

60 የደር እንስሳት ማቆያ - a meti dyari

ድንክ ፈረስ

....

a pikin asi

ነብር

....

a penitigri

ጉማሬ

....

a watrabofru

ቀጭኔ

....

a giraf

ንስር

....

a aka

ከርከሮ

....

a werder agu

አሳ

....

a fisi

የባህር ኤሊ

....

a sekrepatu

የባህር አዉሬ

....

a walrus

ቀበሮ

....

a sabanadagu

የሜዳ ፍየል፤ ሚዳቋ

....

a dia

የደር እንስሳት ማቆያ - a meti dyari 61

የስፖርት አይነቶች

a sport

እግር ኳስ

futubal

የላበ ኳስ ጨዋታ

badminton

አትሌቲክስ

atletiek

የእጅ ኳስ ስፖርት

anubal

የበረዶ መንሸራተት ስፖርት

skiën

ፈረስ ግልቢያ

polo

እንቅስቃሴዎች

den aktifiteit

መፃፍ

skrifi

መሳል

hari

ማሳየት

sori

መግፋት

pusu

መስጠት

gi

መዉሰድ

teki

መያዝ
abi

ማድረግ
dati

መሆን
de

መቆም
tnapu

መሮጥ
lon

መሳብ
hari

መወርወር
trowe

መዉደቅ
fadon

መዋሸት
lei

መጠበቅ
wakti

መሸክም
tyari

መቀመጥ
sidon

መልበስ
weri

መተኛት
sribi

መንቃት
wiki

እንቅስቃሴዎች - den aktifiteit

መመልከት
luku

ማለልቀስ
krei

መጫር
korikori

ማበጠር
kan

ማዉራት
taki

መረዳት
ferstan

ጥያቄ
aksi

ማዳመጥ
arki

መጠጣት
dringi

መብላት
nyanyan

ማንፃት
krin

ማፍቀር
lobi

ምግብ ማብሰል
bori

መንዳት
rei

መብረር
frei

መርከብ መንዳት
seiri

ቁጥሮችን ማስላት
teri

ማንበብ
lesi

መማር
leri

መስራት
wroko

ማግባት
trow

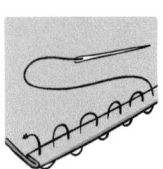

መስፋት
nai

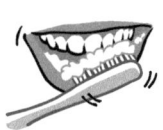

ጥርስ መቦረሽ
krintifi

መግደል
kiri

ማጨስ
smoko

መላክ
seni

ቤተሰብ
a famiri

- የሴት አያት — a granmama
- የወንድ አያት — a granpapa
- አባት — a papa
- እናት — a mama
- ህፃን — a beibi
- ሴት ልጅ — a umapikin
- ወንድ ልጅ — a manpikin

እንግዳ
a fisiti

አክስት
a tanta

አጎት
a omu

ወንድም
a brada

እህት
a sisa

ቤተሰብ - a famiri

አካል
a skin

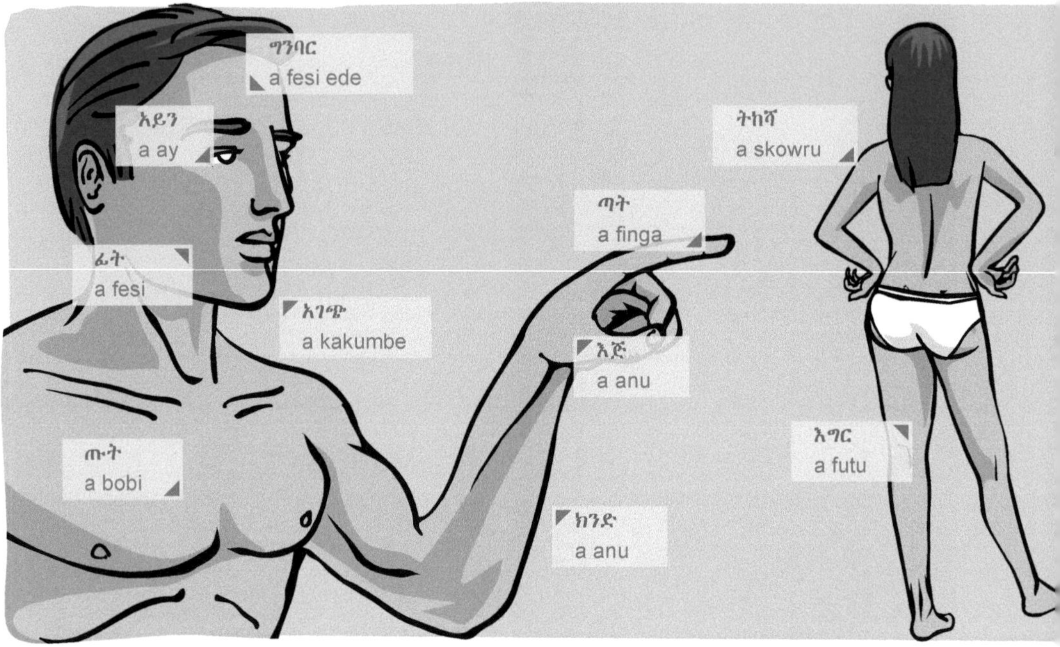

- ግንባር — a fesi ede
- አይን — a ay
- ፊት — a fesi
- አገጭ — a kakumbe
- ጡት — a bobi
- ትከሻ — a skowru
- ጣት — a finga
- እጅ — a anu
- እግር — a futu
- ክንድ — a anu

ህፃን
a beibi

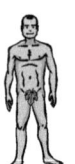

ሰዉ
a man

ሴት
a uma

ልጃገረድ
a uma pikin

ወንድ ልጅ
a boi

ራስ
a ede

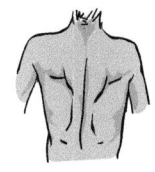 ጀርባ a baka	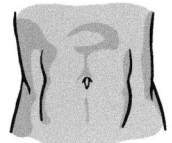 ሆድ a bere	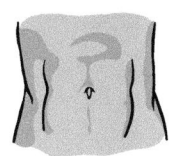 እምብርት a kumba
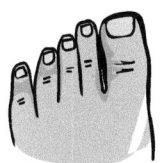 የእግር ጣት a futufinga	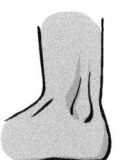 ተረከዝ a bakafutu	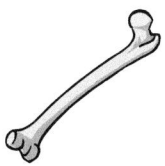 አጥንት a bonyo
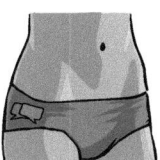 ዳሌ a djonku	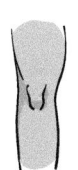 ጉልበት a kindi	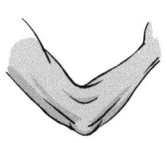 ክርን a baka anu
 አፍንጫ a noso	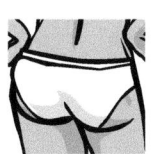 ቂጥ a bakasei	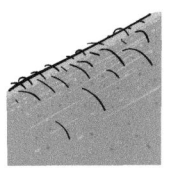 ቆዳ a skin
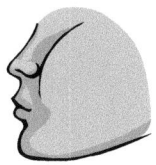 ጉንጭ a seifesi	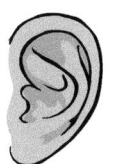 ጆሮ a yesi	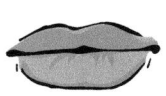 ከንፈር den mofobuba

አካል - a skin

አፍ
a mofo

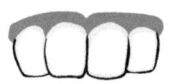
ጥርስ
a tifi

ምላስ
a tongo

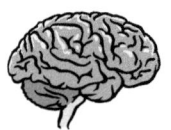
አንጎል
a ede tonton

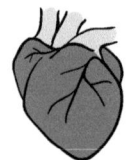
ልብ
a ati

ጡንቻ
a titei

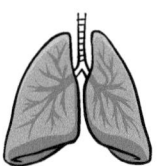
ሳምባ
a fokofoko

ጉበት
a lefre

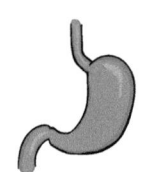
ሆድ
a bere

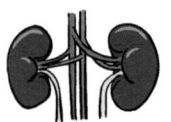
ኩላሊቶች
den niri

የግብረስጋ ግንኙነት
a freiri

ኮንዶም
a pipikowsu

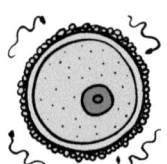
የሴት እንቁላል
a eksi

የዘር ፈሳሽ
a siri

እርግዝና
a bere

አካል - a skin

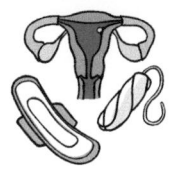

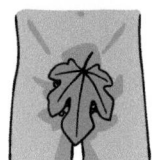

የወር አበባ

a munsiki

እምስ

a umapresi

ቁላ

a toli

ቅንድብ

a tapu-ay-wiwiri

ፀጉር

a wiwiri

አንገት

a neki

ሆስፒታል
a ati oso

ሆስፒታል
a ati oso

አምቡላንስ
a ambulance

ተሽከርካሪ ወንበር
a rolsturu

ስብራት
a broko

ዶክተር
a datra

ድንገተኛ ክፍል
a EHBO

ነርስ
a suster

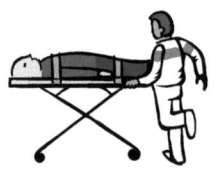

ድንገተኛ
a nowtu

ራስን መሳት/ አለማወቅ
flaw

ህመም
a pen

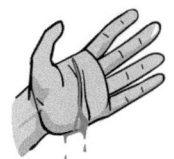 ጉዳት a soro	 መድማት a brudu	 የልብ ድካም a ati siki
 ስትሮክ a bururtu	 አለርጂ a trefu	 ሳል koso
 ትኩሳት a kortsu	 ኢንፍሎዌንዛ a griep	 ተቅማጥ a lusu bere
 የራስ ምታት a ede-ati	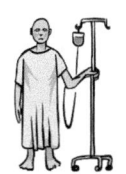 ካንሰር a takrusiki	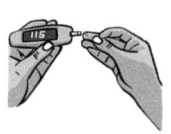 የስኳር በሽታ a sukru
 ቀዶ ጠጋኝ ሐኪም a chirurg	 የቀዶ ጥገና ስለት a skalpel	 ቀዶ ጥገና a operâsi

ሆስፒታል - a ati oso

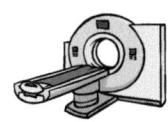

ሲቲ

a CT

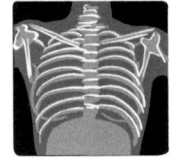

ኤክስሬዮ

a röntgen

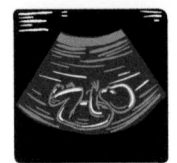

አልትራሳዉንድ

a echo

የፊት ጭምብል

a fesi maskradu

በሽታ

a siki

መጠበቂያ ክፍል

a wakti kamra

ምርኩዝ

a kroku

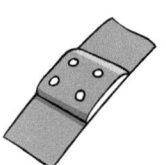

የቁስል ማሸጊያ

a duku

ፋሻ

a duku

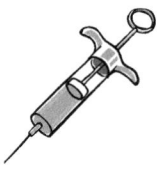

መርፌ

a spoiti

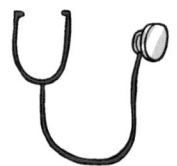

የልብ ምት ማዳመጫ መሳሪያ

a stethoskoop

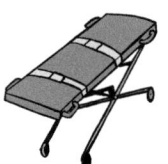

የበሽተኛ አልጋ

a brandkard

የህክምና ሙቀት መለኪያ መሳሪያ

a temperatuur marki

መውለድ

a gebore

ከልክ ያለፈ ክብደት

a fatu

ለመስማት የሚረዳ መሳሪያ
a masyin fu yere

ፀረ ተባይ መድሀኒት
a sani fu krin

ማመርቀዝ
a dyomposiki

ቫይረስ
a firus

ኤች አይቪ ኤድስ
a HIV / AIDS

ህክምና
a dresi

ክትባት
a faksinasi

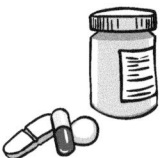
ኪኒን
den perki

ኪኒን
a perki

አስቸኳይ የስልክ ጥሪ
a nowtu nomru

ደም ግፊት መቆጣጠሪያ
a brudu marki

ህመም/ ጤንነት
siki / gesontu

ሆስፒታል - a ati oso

ድንገተኛ
a nowtu

እርዳታ!
Yepi!

ማንቂያ ደዉል
a warskow

ጥቃት
a feti

ድብደባ
a feti

አደጋ
a ogri

የድንገተኛ መዉጫ
a nowtu doro

እሳት!
Faya!

እሳት ማጥፊያ
a fayakiri sani

አደጋ
a mankeri

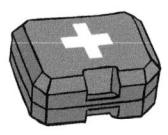
የመጀመሪያ እርዳታ መድሃኒት
መያዣ
a EHBO-kofru

ነፍስ አድን
SOS

ፖሊስ
a skowtu

ምድር
a grontapu

አዉሮፓ
Bakrakondre

ሰሜን አሜሪካ
Opo-Amerkan

ደቡብ አሜሪካ
Suid-Amerkan

አፍሪካ
Afrika

እስያ
Asi

አዉስትራሊያ
Australia

አትላንቲክ
a Atlantis Se

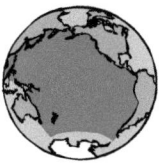
ፓስፊክ
a Tan tiri Se

የህንድ ዉቅያኖስ
a Indisch Se

አንታርክቲክ ዉቅያኖስ
a Suidsei Se

አርክቲክ ዉቅያኖስ
a Noordsei Se

ሰሜን ዋልታ
a Noordsei

ደቡብ ዋልታ	አንታርክቲካ	ምድር
a Suidsei	Antartika	a grontapu

መሬት	ባህር	ደሴት
a kondre	a se	a eilanti
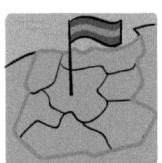	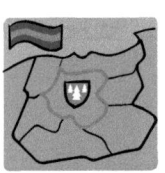	
አገርና ህዝብ	መንግስት	
a nâsi	a lanti	

ሰዓት

oloisi

የሰዓት ገፅታ

a oloisi fesi

ሰዓት

a yuru sori

ደቂቃ

a miniti sori

ሴኮንድ

a sekonde sori

ስንት ሰዓት ነው?

O lati a de?

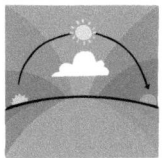

ቀን

a dey

ጊዜ

a ten

አሁን

now

የቁጥር ሰዐት

a oloisi

ደቂቃ

a miniti

ሰዓታት

a yuru

ሳምንት
a wiki

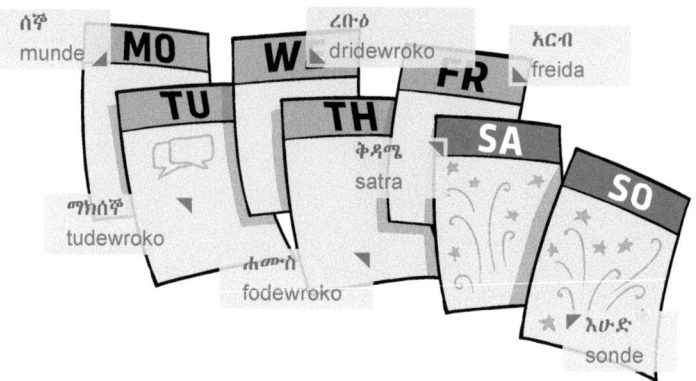

ትላንት
esde

ዛሬ
tide

ነገ
tamara

ማለዳ
a mamanten

ቀትር
a bakadina

ምሽት
a neti

MO	TU	WE	TH	FR	SA	SU
1	2	3	4	5	6	7
8	9	10	11	12	13	14
15	16	17	18	19	20	21
22	23	24	25	26	27	28
29	30	31	1	2	3	4

የስራ ቀናት
den wrokodei

MO	TU	WE	TH	FR	SA	SU
1	2	3	4	5	6	7
8	9	10	11	12	13	14
15	16	17	18	19	20	21
22	23	24	25	26	27	28
29	30	31	1	2	3	4

የዕረፍት ቀናት
a weekend

ዓመት
a yari

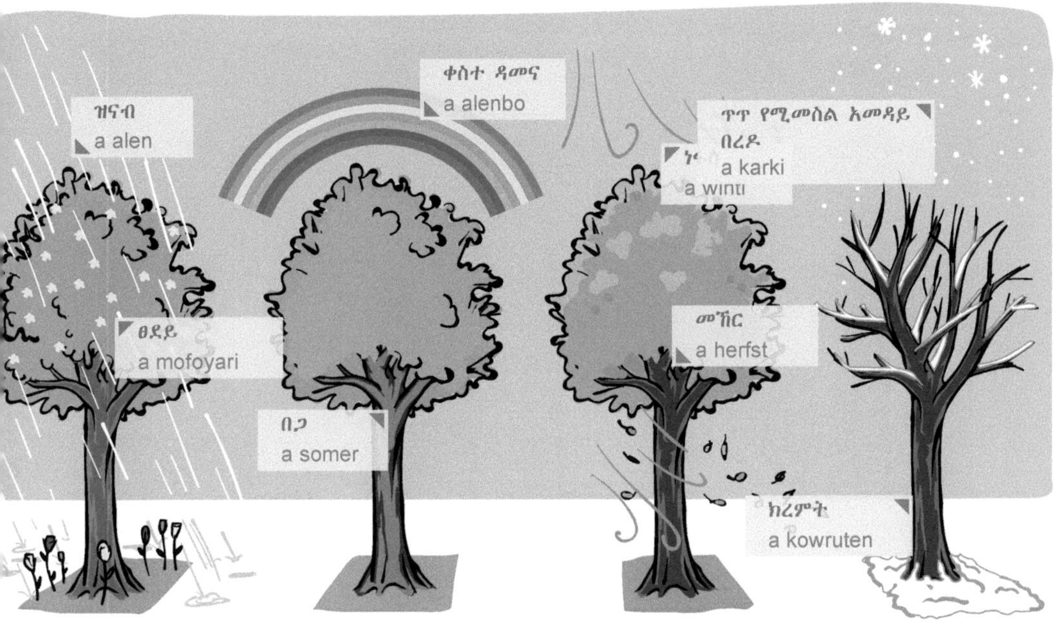

ዝናብ
a alen

ቀስተ ዳመና
a alenbo

ጥጥ የሚመስል አመዳይ በረዶ
a karki

ነ...
a wıntı

ፀደይ
a mofoyari

መኸር
a herfst

በጋ
a somer

ክረምት
a kowruten

የአየር ሁኔታ ትንበያ
a taki fu a weer

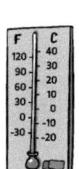

የሙቀት መለኪያ
a thermometer

የፀሀይ ሙቀት
a skèin fu a son

ደመና
a wolku

ጭጋግ
a dow

እርጥበታማነት
a loktu foktu

መብረቅ
a faya

ነጎድጓድ
a dondru

አዉሎ ንፋስ
a sekiwatra

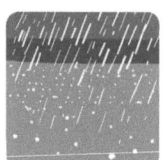

የበረዶ ዝናብ
a agra

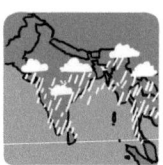

አዉሎ ንፋስ
a bigi skwala

ጎርፍ
a frudu

በረዶ
a èisi

ጥር
januari

የካቲት
februari

መጋቢት
maart

ሚያዚያ
april

ግንቦት
mei

ሰኔ
juni

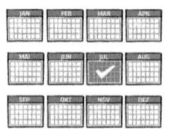

ሐምሌ
juli

ነሀሴ
augustus

ዓመት - a yari

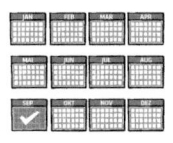

መስከረም

september

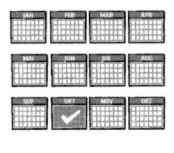

ጥቅምት

oktober

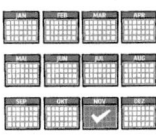

ህዳር

nofember

ታህሳስ

december

ቅርፆች

den form

ክብ

a lontu

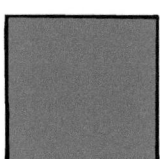

አራት ማዕዘን

a fokanti

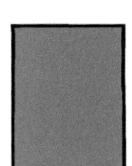

አራት ቀጥተኛ ማዕዘኖች ጎኖች ያሉት ቅርፅ

a fokanti naga langa sei

ሶስት ማዕዘን

a dri-uku

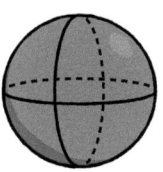

ሉል

a lontu

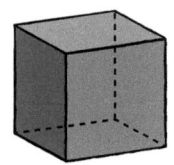

ስድስት ጎን ያለዉ ቅርፅ

a kubus

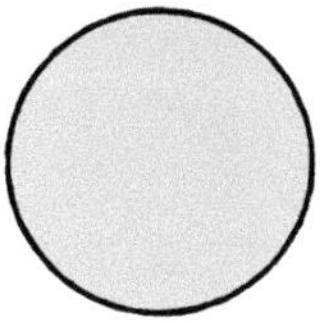

ቀለማት

kloru

ነጭ

witi

ቢጫ

geri

ብርቱካናማ

alanya

ሮዝ

ròs

ቀይ

redi

ወይን ጠጅ

lila

ሰማያዊ

blaw

አረንጓዴ

grun

ቡኒ

broin

ግራጫ

grei

ጥቁር

blaka

ተቃራኒዎች
difrenti

ብዙ/ ጥቂት
tumsi / wanwan

ንዴት/ እርጋታ
atibron / tiri

ቆንጆ/ አስቀያሚ
moi / takru

ጅማሬ/ ፍፃሜ
begin / kba

ትልቅ/ ትንሽ
bigi / ptyin

ደማቅ/ ደብዛዛ
lekti / dungru

ወንድም/ እህት
brada / sisa

ንፁህ/ ቆሻሻ
krin / doti

የተሟላ/ ያልተሟላ
krinkrin / no bun nofo

ቀን/ ምሽት
dei / neti

የሞተ/ ህያዉ
dede / libi

ሰፊ/ ጠባብ
bradi / smara

የሚበላ/ የማይበላ

kan nyan / no kan nyan

ክፉ/ ደግ

takru / bun

ደስተኛ/ ድብርተኛ

prisiri / ferferi

ወፍራም/ ቀጭን

fatu / fini

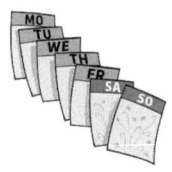

መጀመርያ/ መጨረሻ

fosi / lasti

ጓደኛ/ ጠላት

mati / feyanti

ሙሉ/ ጎዶሎ

furu / leigi

ጠንካራ/ ለስላሳ

tranga / safu

ከባድ/ ቀላል

hebi / lekti

ረሃብ/ ጥማት

angri / dreineki

ህመም/ ጤንነት

siki / gesontu

ህገወጥ/ ህጋዊ

no gi pasi / tru

ጎበዝ/ ደደብ

koni / don

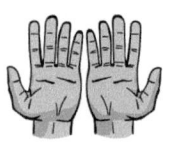

ግራ/ ቀኝ

kruktu / leti

ቅርብ/ ሩቅ

gi / fara

አዲስ/ አሮጌ
nyun / owru

ምንም/ የሆነ ነገር
noti / wan sani

ሽማግሌ/ ወጣት
owru / jongu

የበራ/ የጠፋ
leti / tapu

ክፍት/ ዝግ
opo / tapu

ፀጥታ/ ጫጫታ
safu / tranga

ሃብታም/ ደሃ
gudu / poti

ትክክለኛ/ የተሳሳተ
bun / fowtu

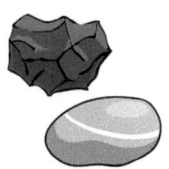

ሻካራ/ ለስላሳ
grofu / grati

ሐዘን/ ደስታ
sari / breiti

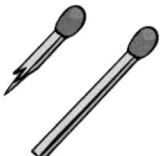

አጭር/ ረዥም
shatu / langa

ዝግተኛ/ ፈጣን
loli / esi esi

እርጥብ/ ደረቅ
nati / drei

ሞቃት/ ቀዝቃዛ
warang / kowru

ጦርነት/ ሰላም
feti / freide

ተቃራኒዎች - difrenti

ቁጥሮች
den nomru

0 ዜሮ — noti

1 አንድ — wan

2 ሁለት — tu

3 ሶስት — dri

4 አራት — fo

5 አምስት — feifi

6 ስድስት — siksi

7 ሰባት — seibi

8 ስምንት — aiti

9 ዘጠኝ — neigi

10 አስር — tin

11 አስራ አንድ — erfu

12

አስራ ሁለት

twarfu

13

አስራ ሶስት

tin-na-dri

14

አስራ አራት

tin-na-fo

15

አስራ አምስት

tin-na-feifi

16

አስራ ስድስት

tin-na-siksi

17

አስራ ሰባት

tin-na-seibi

18

አስራ ሰስምንት

tin-na-aiti

19

አስራ ዘጠኝ

tin-na-neigi

20

ሃያ

twenti

100

መቶ

hondru

1.000

ሺህ

dusun

1.000.000

ሚሊዮን

milyun

ቋንቋዎች

den tongo

እንግሊዝኛ

Ingristongo

የአሜሪካ እንግሊዝኛ

Amerkan Ingristongo

የቻይና ማንዳሪን

Sneisi Mandarijntongo

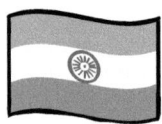

ሂንዱ

Hinditongo

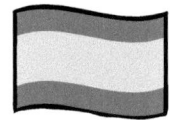

ስፓኒሽ

Spanyoro

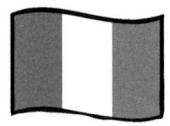

ፍሬንች

Frans

አረብኛ

Arabiatongo

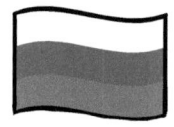

ራሺያኛ

Rusitongo

ፖርቱጊዝ

Potogisi

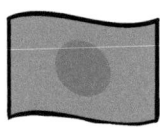

ቤንጋሊ

Bengalitongo

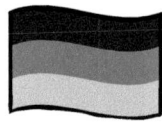

ጀርመን

Doisritongo

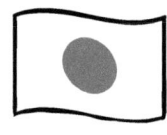

ጃፓንኛ

Japantongo

ማን/ ምን/ እንዴት
suma / sang / fa

እኔ

....

mi

አንተ

....

yu

እሱ/ እርሷ/ እቃዉ

....

en / en / en

እኛ

....

unu

አንተ

....

yu

እነርሱ

....

den

ማን?

....

suma?

ምን?

....

san?

እንዴት?

....

fa?

የት?

....

pe?

መቼ?

....

oten?

ስም

....

a nen

ማን/ ምን/ እንዴት - suma / sang / fa 91

የት
pe

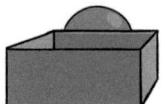
በስተጀርባ
baka

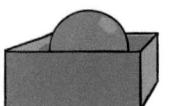
ዉስጥ
ini

ከፊት ለፊት
fesi

ከላይ
abra

ላይ
tapu

ከስር
ondro

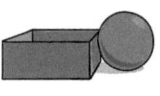
አጠገብ
na sei

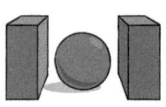
መሃከል
mindri

ቦታ
presi